Para cariño de Flavia ¡gracias!

Del calor al hielo por amor al cielo

Del calor al hielo por amor al cielo

Flavia Luz Tamayo

Copyright © 2011 por Flavia Luz Tamayo.

Número de Control de la Biblioteca del Congreso
de EE. UU.:   2011914380
ISBN: Tapa Dura   978-1-4633-0532-1
                 Tapa Blanda   978-1-4633-0530-7
                 Libro Electrónico   978-1-4633-0531-4

Todos los derechos reservados. Ninguna parte de este libro puede ser reproducida o transmitida de cualquier forma o por cualquier medio, electrónico o mecánico, incluyendo fotocopia, grabación, o por cualquier sistema de almacenamiento y recuperación, sin permiso escrito del propietario del copyright.

Este Libro fue impreso en los Estados Unidos de América.

Para pedidos de copias adicionales de este libro, por favor contacte con:
Palibrio
1663 Liberty Drive, Suite 200
Bloomington, IN 47403
Llamadas desde los EE.UU. 877.407.5847
Llamadas internacionales +1.812.671.9757
Fax: +1.812.355.1576
ventas@palibrio.com

ÍNDICE

AGRADECIMIENTO 9

DEL CALOR AL HIELO POR AMOR AL CIELO 11
MÍRAME SEÑOR 13
CULTIVO UNA ROSA ROJA 16
ES TIEMPO DE VER A JESÚS 18
COMO EN LOS DÍAS DE NOÉ 20
CON OJOS DE FE 23
CÁRCEL SIN BARROTES 24
EL DIOS EN QUIEN YO CREO 28
DESTELLOS 30
EN NOMBRE DEL AMOR 32
ENSÉÑAME A PERDONAR 34
NO ES UN SUEÑO 37
LA FELICIDAD DE DAR 39
VERDADERO AMOR 40
BRUJERÍA 41
NO CREO EN LA CASUALIDAD 45
¿QUÉ TIENES PARA DAR? 46
EL MUNDO SE ESTÁ ACABANDO 48
¿QUÉ TIENES EN TUS MANOS? 50
¿PARA QUIÉN ES EL PARAÍSO? 54
LA OTRA CARA DEL RON 57
QUIERO UN HOMBRE 59

QUIERO UNA MUJER	62
EL VALOR DE UN ESTUDIANTE	67
LA PATRIA ES LA VIDA	69
SE LLAMA PANAMÁ	71
NO HAY PATRIA COMO LA MÍA	73
UNA TIERRA BENDECIDA	76
HIJO YO CREO EN TI	77
HIJATU ERES ESPECIAL	79
TE PROMETO MAMA	80
DIOS HIZO A MAMÁ	82
SOLA REALMENTE O REALMENTE SOLA	83
ÁNGELES ESPECIALES	86
EL DESHIELO UN TEMA CANDENTE	87
MADRE TIERRA	90
HASTA LUEGO	91
EL PEOR ENEMIGO DE LOS HISPANOS EN E U	93
EL ÚNICO HOMBRE QUE NO QUEMA	95
LAMENTOS DE LA SELVA	98
AMIGAS, GRANDES AMIGAS	102
ÁNGELES LLAMADOS AMIGOS	104
RECUÉRDAME ASÍ	107

DEDICATORIA

Dedico este libro en el cual he puesto lo mejor de mí, a mis hijos, Abel y Roselyn mis amados tesoros, a mi mamá Leonilde de quien he heredado tanto, a Ernelio y Miranda, mis queridos padres, a mis lindas sobrinas, Vielka, Isabel, Yazmín, Linsy, Naury, Cary, Sandy, Nohemí, Yamy y Liz. A mis queridos sobrinos; a mis hermanas y hermanos, especialmente Luís y Lorena por sus oraciones constantes, a mis primos y primas, especialmente Jiménez y Magali, por sus cariñosas llamadas, a la memoria de las tres personas que sufrí tanto su repentina y dolorosa partida y que inspiraron varios versos de este libro; mi hermano Manuel, mi querido amigo Silvi, y Damaris mi amiga y hermana a quien Dios utilizó para estar yo en este país, gracias ``Flaca``. me consuela la esperanza bendita que les veré cuando allá se pase lista. A todas mis amistades que me llevaron siempre en sus oraciones, y han estado conmigo aún cuando no me entiendan. A todo mi país. Muchas gracias.

AGRADECIMIENTO

Agradezco en primer lugar, a Dios mi creador y salvador por la vida, la energía y el regalo de este don, con el cual quiero glorificar su nombre. También a mi hermana Catalina por alentar mi confianza en mí, con su constante motivación; a mi hermana Flori por apoyarme en este viaje; a mi prima Ana por trasladarme esa madrugada amablemente al aeropuerto; a las hermanas de las iglesias hispanas de Minnesota por la aceptación que dieron a mis poesías, lo que originó la creación de este libro. A la iglesia de Minneapolis por aceptarme como parte de su familia en el señor. A mis colegas del C.E.B. Vista Hermosa, quienes en la distancia mantuvieron la amistad y el interés por mis escritos y no dejaban de pedirme la poesía ``quiero un hombre``. A Yrma mi representante, por la amistad apoyo y sustento en este lugar. A todas esas lindas personas que han contribuido de muchas maneras a que mi estadía en este país haya sido bendecida, muchas gracias, Dios les bendiga. Isaías 41:10

Si inicias con Dios tu horario
Cada día es un milagro
Cada milagro una historia
Y cada historia una victoria

DEL CALOR AL HIELO POR AMOR AL CIELO

Bajo el ardiente sol que nace en el Caribe
Y se desplaza soberano por América central,
Observan se matices que un poeta no describe
Porque sus versos no atrapan escenas sin igual,

Eternos veranillos, calurosos y constantes,
Brisa, mar y playa; bronceado natural,
Lluvias sorpresivas en noches refrescantes,
Ríos cristalinos que desembocan en el mar,

Exquisitos y variados frutos tropicales,
Platillos culturales que convergen como hermanos,
Caras de muchos tonos con sonrisas naturales,
Peces de mil colores que regalan dos océanos.

Este paraíso innato, abandónelo un día,
Dejando atrás la familia, los amigos el hogar;
Confiando en que el señor mis pasos dirigiría,
Rechazando comodidad, para el cielo alcanzar,

Pasando de lo conocido y de mi clima agradable,
Llego a lo desconocido y totalmente diferente
Y es entonces que me tomo de la mano de mi padre
Y le digo no te soltaré, ni te apartaré de mi mente.

Y entre tantos otros lugares soleados y calientitos,
Me trae a este estado con un invierno de hielo,
Donde el frio penetra tu ser sin solicitar permiso
Y entre el llanto y el dolor deseas volverte a tu suelo,

Pero alguien susurra en mi mente, en medio de mi tristeza
Y me dice no desmayes, porque yo estoy contigo,
Entrégame tu debilidad y te daré mi fortaleza,
Porque mi poder se perfecciona en el débil y abatido;

Y aunque parezca mentira, yo lo puedo asegurar,
Que avece en la comodidad y sencillez de un arte,
Dios tiene que llamarnos como lo hizo con Abraham,
Porque sólo con las pruebas se pule nuestro carácter;

Y él que conoce mi vida y deseos de obediencia,
Alejo me con dolor de mi gente y de mi suelo
Y para desarrollar dentro de mí, una pura y fiel conciencia,
Me transportó del calor al hielo, por amor al cielo.

MÍRAME SEÑOR

Dame una tierna mirada
Que me abrace toda, mi Dios,
Que me recuerde que soy amada
Con el más limpio y dulce amor,

Y jamás dejes de mirarme,
Mientras viva en esta oscuridad
Pera que de ti no pueda alejarme
Y a siegas caer o tropezar;

Mírame como en el pasado
Miraste a Ana madre de Samuel,
Quien por fe concibió al profeta amado
Y cambiaste su amargura en dulce miel,

Mírame como a Rebeca,
A quien dotaste con cualidades hermosas
Y por su amabilidad, bondad y pureza
Del hijo de la promesa llegó a ser la esposa,

Mírame como a Rut, la moabita,
Quien en el Dios de Israel confió
Y así paso de una nación maldita,
A ser del linaje del santísimo Dios,

Mírame y vuelve a mirarme
Como miraste a la reina Ester,
Que su juventud belleza y coraje
Utilizaste para salvar a Israel;

Como miraste a María Magdalena,
Te ruego mi Dios que me mires
Para que mi pasado mi dolor y mis penas
Por tu gracia y perdón los olvide,

Mírame como a Débora, padre,
Profetiza y jueza de Israel,
Quien demostró que cuando el hombre es cobarde,
Dios salva a través de una mujer,

Dame una mirada compasiva,
Como miraste a Raat prostituta de Jericó,
Quien por fe y obediencia salvó la vida
De toda su familia, y su nombre inmortalizó.

Señor, mírame como a Tabita,
Quien su vida dedicó a hacer el bien,
Despiértame si ves que estoy dormida
Y si me ves muerta, resucítame también,

Mírame como a la samaritana,
Mujer misionera sin igual,
Quien teniendo ante el mundo mala fama,
Cambiaste su pozo de agua por un manantial;

Mírame como a Loida y Eunice,
Quienes criaron a Timoteo sabiamente,
Perdóname, consuélame y bendice,
Mírame como a Abigail la prudente,

Mírame como a Sara y Elizabeth,
Esposas marcadas por la esterilidad,
Pero por tu mirada y tu santo poder
Concibieron hijos para la posteridad,

Mírame padre bendito,
Como miraste a la viuda de sarepta,
Bendiciéndola junto a su hijo
Al obedecerte ayudando a tu profeta,

Mírame como a la viuda que dio las tres blancas
Y recibió la ovación de Jesús,
Como miraste a la anciana Ana
Y reconoció en ese bebe del mundo, la luz;

Mírame como a Nohemí, suegra de Ruth,
A quien marcó la desgracia y el dolor,
Pero la tristeza no anuló su virtud
De ser la única suegra, de quien se habla con amor,

Mírame como miraste a Eva,
Madre de todos los vivientes
Y aunque fue la primera pecadora
En la reunión de los justos estará presente;

Señor, mírame como a Lea y Raquel,
Que por el amor de un hombre sufrieron tanto
Y al concederles ser las madres de la nación de Israel
Demuestras que de cada mujer te duele su llanto,

Mírame como a la mujer con flujo de sangre,
Por más de doce años enferma y agobiada
Y con que tocara tu manto te conformaste
Y al instante por fe quedó sanada;

Como a la mujer Siro fenicia,
Por favor mírame, mi buen señor,
Para que cuando me envuelva la injusticia
Me acerque a ti con más fervor,

Mírame como a la virgen María,
A quien dotaste con el divino papel
De ser la madre del santísimo Mesías,
Porque sólo tu miras como quiere ser mirada una mujer.

Señor, si tú me miras cada día
Y me otorgas tu Espíritu y amor
Tendrás a tus pies una mujer agradecida
Y ante el mundo una princesa de valor.

CULTIVO UNA ROSA ROJA

Cultivo una rosa roja,
Desde diciembre hasta enero,
Para que con su belleza y aroma
Se llene el mundo entero;

Cultivaré esta rosa roja,
Porque ya Martí cultivó la blanca
Y la compartiré para eliminar la congoja
Y devolverle a la gente la esperanza,

La esperanza en un mundo sin balas,
Donde el niño juegue sin conocer la tristeza,
Donde se le respete al anciano sus canas
Y al joven se le cumplan las promesas,

Las promesas hechas por los padres
De que nunca habrá abandono del hogar,
También las que el gobierno les proclame
De con seguridad en las calles transitar,

Transitar en el mundo de los sueños
Que se elevan en la joven quinceañera,
Donde el engaño y el dolor no se hagan dueño
Y las ilusiones se conviertan en quimeras.

Un mundo sin religiones a testantes
Que sólo hablan por fuera del amor,
Sin católicos ni protestantes
Pero si con Dios en el corazón,

Un mundo donde el deporte
No se base en competencia,
Donde entre el débil y el fuerte
No se marque diferencia,

Un mundo donde el dolor
Sea un cuento de terror inventado
Por el odio y el rencor
Antes de ser sepultados,

Un mundo donde las razas
Cual arco iris embelezca,
Porque no se mira el color de sus caras
Si no lo grande de su nobleza,

Un mundo donde la tierra
No produzca más maleza,
Donde no se conozca la guerra,
Donde nadie viva en la pobreza,

Un mundo donde el amor
No florezca en labios mentirosos,
Sino en un tierno corazón
Con despliegues bondadosos.

Quiero decirte que esta rosa
Roja como la sangre,
Es la palabra preciosa
Que hablo Dios nuestro padre,

Y se hizo realidad
Con la venida de Jesús,
Quien todo lo puede cambiar
Convirtiendo las tinieblas en luz.

ES TIEMPO DE VER A JESÚS

Cuando nuestro amado Jesús
Estuvo en nuestro planeta,
Después de su muerte en la cruz
Habiendo logrado su meta,

De devolverle a la raza caída
Su derecho a la salvación,
Entonces anuncio su partida
Y su retorno a la santa Sion,

Dejando en la mente humana
Alegría, fe y esperanza,
Pues iría a prepararle a cada alma
Una mansión de eterna alabanza,

Él dijo que un día retornaría
Y señales dejó como avisos
Y el que creyera que él volvería
Su venida no le tomaría de improviso,

Anunció un caos total
En el orden mundial existente
Y la señal que marcaría el final
Sería la predicación a toda la gente,

Que cuando el último mortal
Haya conocido el evangelio,
Entonces Jesús retornará
A buscar a su amado pueblo;

Por lo tanto la decisión a tomar
De todo el que desee morar en la luz
Es con la voz y la vida predicar,
Porque es tiempo de ver a Jesús.

Dios no trabaja con coincidencias,
Intentos, ni casualidades,
Sino que con su infinita inteligencia
Organiza los eventos, y nos muestra las oportunidades.

COMO EN LOS DÍAS DE NOÉ

En mi cama yacía acostada
En un profundo sueño inmersa
Y en mi sueño fui transportada
Del diluvio a la misma puerta,

En mi mente a diario daba vueltas,
Una pregunta que insistentemente me hacia,
¿Por qué a pesar de tanto tiempo de prédica,
Nadie creyó a Noé, que el mundo se acabaría?

Pues sólo se salvaron contadas ocho personas,
En un mundo que se cree, estaba súper poblado,
Lo que lleva a suponer, a la mente que razona,
Que Dios ama al pecador, pero odia el pecado.

En ese preciso instante vino a mí claramente,
La respuesta a mi inquietud y escenas de la ocasión,
Que permitieron despejar el panorama en mi mente
Y comprender que el problema se debió a la presunción;

Por ciento veinte largos años,
Noé predicó con la demostración,
Pues la fachada del arca y cada golpe al clavo
Era una contundente predicación,

Y la gente aunque se burlaban de él,
En el fondo tenían sus aprensiones,
Porque nadie podía negar que Noé
Era un hombre justo dentro de sus dimensiones,

Y sus burlas eran sólo excusas
Para continuar en su loco desenfreno,
En sus orgias, borracheras y disputas
Ignorando la amonestación del digno mensajero.

Decían que a lo mejor el viejo tenía razón
Y el mundo se acabaría con un diluvio,
Pero cuando empezara a caer el chaparrón
Correrían al barco para estar seguros,

Y así entrarían al arca,
Con sólo tocar la puerta,
O quizás no tendrían que tocarla
Porque a lo mejor estaría abierta,

Total el barco era grande
Y la distancia a recorrer era poca
Y tardaría muchos días inundarse
Y este rumor se difundía de boca en boca.

Y de esta manera razonaban
En sus conceptos tontos y banales,
Pero tristemente ellos ignoraban
Que Dios no es juego de niños, ni burla de mortales;

Y si te cuesta creer
Que esto haya sido así
Pues sólo tienes que ver
Lo que sucede junto a ti,

Violencia y maldad por doquier,
Matrimonios hoy, mañana divorcios,
El amor desmedido por el comer y beber,
La injusticia y la inmoralidad en constante coloquio;

Y como si esto fuera poco,
Se anuncia el desenlace de la historia
Y también se les trata cual locos
A los que advierten que las señales son notorias,

Y aunque muchos aparentan indiferencia
Y dicen que el mundo se acaba para el que se muere,

Por dentro temen, pero acallan sus conciencias
Pensando que al final, con llanto a Dios conmueven;

Más como sucedió en el pasado
Tristemente sucederá en esta vuelta,
Porque parece que el mundo ha olvidado
Que cuando Dios cierra, no hay quien abra la puerta,

Infantil es creer que a Dios se le manipula
Y que con gritos de terror, lo convencen a él,
Por eso nos invita hoy a ponernos la armadura
Con la señal de advertencia `` como en los días de Noé``.

CON OJOS DE FE

Quiero mirar con ojos de fe
El más sublime resplandor
Y quiero ver lo que nadie ve,
Quiero verte a ti señor,

Quiero verte a mi lado
Cuando la soledad se acerque a mí
Y que por fe me quede bien claro
Que siempre has estado allí,

Quiero oírte murmurar
En medio del bullicio a testante
No te preocupes, no te voy a soltar
Porque yo te compre con mi sangre,

Quiero con ojos de pura fe,
Verte venir en las alturas
Y tiernamente me digas, hija ven,
Ya no habrá más llanto ni amargura.;

Quiero verme en la patria celestial
Rodeada de lo que no llega a mi imaginación
En la más linda fiesta familiar
Donde Jesús es el divino anfitrión.

CÁRCEL SIN BARROTES

En la oscuridad asoladora de una celda
Un hombre angustiado, agonizaba,
Sentíase cual león fuera de la selva
``tened piedad, clemencia`` al celador rogaba,

Su desesperante angustia laceraba
El corazón del guardia vigilante
Cual si fuera el látigo que golpeara
El descubierto lomo de un errante,

``soy inocente, por piedad creedme``
Gritaba el preso en la celda oscura
Y como respuesta a sus gritos latentes
Sólo se escuchaba el eco de su amargura,

Su ilimitada angustia acrecentaba
Al paso en que transcurrían las horas,
Pues al amanecer afuera lo esperaba
Paciente e inconmovible la trágica horca;

En esos instantes de terror supremo
En que comprendía que su vida se escapaba
Pasaron ante él, lucidos recuerdos
De su vida de derroche tirada y embriagada,

Sus recuerdos lo llevaron a un poblado
Donde con sus padres y hermanos vivía,
Donde él era un joven de principios sagrados
Y en su corazón la maldad no existía,

Su convicción de amor hacia el cielo,
Su fe y esperanzas puestas en Dios
Descubrían en él lo hermoso y lo bueno
Que en ningún otro joven jamás se observó,

Pero una red infame del vil enemigo
Tendiose en el paso del joven aquel
Perdió el equilibrio en las copas de vino
Y olvidó que Jesús había muerto por él.

Bajo los efectos del alcohol se encontraba,
Una tarde espantosa, dolorosa y cruel,
En que sin imaginar siquiera, el protagonizara
La más triste historia de Caín y Abel.

Embriagado y drogado su cuerpo y sangre,
Con un compañero se lanzó a pelear,
Su hermano al verlo quiso agarrarle
Recibiendo de él, la puñalada fatal,

Cayendo al suelo herido de muerte,
Mirando al cielo alcanzó a balbucear,
``Que Dios te perdone hermano y el fuego
Del infierno en llamas no te toque jamás,
Y que mi muerte compense las horas de duelo
Y el llanto angustioso que has causado a mamá``.

Interrumpiose el recuerdo abrumado,
Dos lágrimas gruesas le impedían pensar,
Miro atentamente el grueso rejado
Que contenía a los presos que estaban demás:

``Oídme`` grito iracundo;
Y su grito en la noche, resonó cual clarín;
Les habla esta noche un ser vagabundo
Que fue en otros años la flor de un jardín,

Un grito imperioso obligo le a callarse,
Una voz escucho se unos metros atrás,
``El preso 25, he venido a buscarte,
Ha llegado la hora de tus culpas pagar``,

Conducido hasta el patio do estaba la horca,
El verdugo insensible se digno a preguntar
¿Quieres decir una frase, pero que sea corta,
A los otros convictos que les haga pensar?

Dio un paso adelante con el rostro sereno
Ya no estaba aterrado, triste y angustiado
Se veía conforme, seguro, y no enajeno
Y dispuesto a pagar con valor sus pecados,

Poned atención a mis breves palabras,
Cual si fuera de un músico la más linda canción,
No fue la cárcel de barrotes mi castigo, mi celda,
Fue el pecado mi condena, mi celda y mi perdición,

Yo era un ser bueno en años atrás,
Cuando tenía en mi vida, a mí salvador
Y si hoy he de perder la vida y la integridad,
Fue por haberme alejado de Dios mi señor,

Mas en Jesús tenemos libertad,
Mas en Jesús tenemos salvación
Y si por obedecerle prisionero llegas a estar
Los hierros se convierten en lasos de amor.

Cuando el enemigo quiera recordarte tu pasado
Recuérdale lo que en el futuro Dios le tiene a
él reservado

EL DIOS EN QUIEN YO CREO

Dios creó al ser humano
Para tener a quien dar tanto amor
Y entre los seres lo erigió el soberano
Y le dio capacidad de análisis y elección,

Y gracias a esa facultad
Que muchas veces se usa mal,
El hombre tiene la libertad
De escoger a quien quiere honrar,

Y así unos honran al dinero,
Otros los viajes, vicios, placeres
Y los que quieren ser siempre los primeros
Honran los derechos, pero no los deberes,

Hay quienes honran a los deportes,
Las músicas, modas, las fiestas y demás,
También existen los pobres torpes
Que honran y confían en Satanás,

Y mi Dios respeta el libre albedrio
Que demuestra la triste y cruel realidad
De un mundo despótico y vacio
Que rechaza su amor y su dulce paz,

Por eso aunque el mundo se agolpa y agita
Tras dioses falsos, profanos, perdidos,
Quiero compartir la esperanza bendita
Y decir que creo en el Dios de los redimidos,

El único Dios en quien yo creo
Es lo más grande que ha existido
Creo en él, aunque no lo veo
Porque su presencia está conmigo,

Creo en el Dios que hizo el mundo
Y por amor me hizo a mí
El Dios que obtuvo un éxito rotundo
Cuando por nos, murió en Getsemaní.

Este Dios es mi mejor amigo,
Consuela, fortalece, perdona y bendice,
Es el Dios que vela por padres e hijos
Y borra lo malo que en el pasado hice,

Es el Dios que sabe que soy polvo,
Que no soy perfecta, que puedo fallar
Y con las pruebas me pule como el oro
Y con ese proceso me hace brillar,

El Dios en quien yo creo me ama como a nadie,
Nunca me ha dejado en esta soledad,
Si la tormenta surge en tono amenazante
Me dice en medio de ella, que él conmigo está,

El Dios en quien yo creo a todos recomiendo,
Porque nunca ha fallado y nunca fallará,
Es manso, humilde, paciente y es tierno
Y un día muy cercano por sus hijos volverá.

DESTELLOS

Si en el ocaso de un día nublado,
Acongojado miras al cielo gris
Y de la neblina surge un destello dorado,
Sonríe, porque Dios se acerca a ti,

Si la ilusión de la vida que soñaste
Muestra amenazas de acabar,
Pero queda un hálito que olvidaste,
Confía en Dios y vuelve a empezar,

Si estás convencido que se ha derrumbado
El castillo que sostiene tu hogar,
Pero queda un beso que aun no has dado
Entrégalo ahora y lo vas a salvar,

Si abrumado de penas que te causan dolores
Caminas sin rumbo con ganas de llorar
Y aparece un niño regalándote flores,
Es un ángel que Dios te envió a consolar,

Si el complejo de la infelicidad
Hace que te mires con inferioridad,
Pero una sonrisa puedes regalar
Levanta la frente porque vales de verdad,

Si tus hijos no valoran tu esfuerzo y amor
Y abandonan los estudios y no siguen tus consejos,
Pero tienes dos rodillas para doblarlas al señor
Recuerda que él no los dejará aunque se hagan viejos,

Si la muerte inesperada llega a tu alrededor
Segando con su presencia la vida de un ser amado,
Pero guardado en tu mente está el recuerdo de su amor
Dolerá, pero te confortará si se lo has demostrado,

En cada momento de esta vida
Hallarás motivos para sentirte mal,
Pero siempre verás destellos en la esquina
Que te dicen: sigue adelante está la patria eternal,

Por densas que sean las tinieblas
Siempre habrá un rayo de luz,
Un destello que emerge en la niebla,
Que le envía a sus amados hijos, Jesús.

EN NOMBRE DEL AMOR

El sentimiento puro y tierno
Que impulsó la creación de este mundo
Aun sabiendo el padre eterno
Que habría dolor profundo,

Es un sentimiento abnegado
Que llena de música el pecho,
Que ensalza e idealiza al ser amado
Y convierte las miradas en besos,

Es un torrente de emociones
Con sabor a dulce miel
Donde se unen dos corazones
Con promesas de amar y de ser fiel,

Por amor se hizo al inicio
Al primer hombre y a la mujer,
Para que con amor regaran lirios
Y soportaran las espinas también,

Es en nombre del amor
Que se han conquistado imperios,
Y es lo que vence el temor
Y hace luchar por los sueños,

Y que en nombre del amor
Se perdonen las ofensas,
Se olvide cualquier rencor
Y se cumplan las promesas,

Bendito el Dios del cielo
Quien fue el primero en amar,
Para enseñarnos que en este suelo
Será feliz el que le sepa imitar,

Y un día tomados de la mano
Cuando estemos con el señor,
Diremos juntos como hermanos
Gracias señor, en nombre del amor.

ENSÉÑAME A PERDONAR

En la bella oración modelo
Conocida como padre nuestro,
Se nos enseña a llegar al cielo
Y recibir para el alma aliento,

También se nos enseña allí
A pedir perdón por las ofensas
Que sin duda solemos proferir
Con tal facilidad que ni llevamos la cuenta,

Pero hay una frase que se menciona
De manera avece imperceptible
Donde a Dios se le ruega e implora
Que nuestro pecado perdone y olvide,

Como nosotros también perdonamos
A todo aquel que nos haya ofendido
Y muchas veces le atamos las manos
A Dios, y su perdón impedimos,

Pues al decir perdóname como perdono yo,
Estamos planteando la condición,
Que en la medida como doy my perdón
Es como Dios también perdonará mi agresión,

Si al perdonar el agravio que me hizo sufrir
Suplico a Dios me permita olvidar
Y sentir por aquel que provoco mi gemir
Un limpio deseo de perdón y amistad,

Entonces el señor también limpiará
Mi alma de pena, resentimiento y rencor
Me inundará con un rio de dicha y de paz
Y me dará el más lindo abrazo de amor,

Por eso debemos en nuestra oración
Con una actitud llena de humildad,
Decirle al Señor, dame un corazón
Que sea capaz de perdonar,

Enséñame a perdonar
Como tú me perdonas a mí,
Y enséñame también a amar
Porque por amor moriste por mí,

Por eso elevo a ti mi oración
Porque quiero un día contigo morar
Tú que me amas tanto, dame tu perdón
Y enséñame mi Dios a perdonar.

La iglesia es el único hospital
con enfermos desahuciados
Que solo se pueden sanar
Confesando y abandonando sus pecados

NO ES UN SUEÑO

Al nacer una criatura
En este hermoso planeta,
Le espera una vida dura
O un lecho colmado de violetas,

Pero eso no significa
Ni tampoco es una regla,
Que así serán sus vidas
Una de cal y otra de arena,

El que nació en cuna de oro
Puede convertirse en un rufián
Y malgastar sin ningún decoro
Lo que la vida le quiso dar,

Lo mismo puede suceder
Con aquel que nació en la nada,
Si él llega a comprender
Que soñar no cuesta nada,

Que no es un sueño, si soñando
Aún cuando este despierto,
Descubre que está guerreando
Y el que pierde yace muerto,

No es un sueño imaginar
Que el mundo nos pertenece
Y que podemos volar
Cuando la oportunidad lo ofrece,

No es un sueño desear amor
Y que tu nombre se respete,
Que se te brinde calor
Con un abrazo bien fuerte,

No es un sueño ir al cielo
Aunque estemos en la tierra
Si deseas dejar el suelo
Y con fervor lo anhelas,

Si te dices cada día,
De mi vida Dios es dueño,
Comprobaras con alegría,
Que la dicha no es un sueño.

LA FELICIDAD DE DAR

Es mejor dar que recibir,
Dice Dios en su santísima palabra
Y con ese propósito trajo al existir
Todo lo que habita en el cielo, tierra y agua,

Un árbol da sombra, frutos y semillas
Sin distinción a todos por igual,
También el amor si se esparce en la familia
Se verá en la iglesia y también en la sociedad,

Dar es la meta de cada gota de lluvia,
Dar es el grito de cada ola en el mar,
Dar también resuena en la penumbra,
Dar sigue diciendo el sol con su alumbrar,

Es dichoso aquel que da sin egoísmo,
Bendito el que comparte la bienaventurada esperanza,
Feliz el que otorga una mirada tierna a un niño,
Y una sonrisa franca que devuelva la confianza,

¡Demos! porque es don divino,
¡Demos! porque es mandato de Dios,
Sólo dando expulsaremos el egoísmo
Y haremos de este mundo un sitio mejor.

VERDADERO AMOR

Ser joven es algo bello,
La edad deseada por todos
Porque la juventud tiene el destello
De brillar en la oscuridad como el oro,

Pero hay algo que caracteriza
Más que nada a la juventud
Es que por todos los poros canaliza
Sentimientos de amor a plenitud,

Los jóvenes se enamoran,
Con una facilidad que impresiona
Y muchas veces pierden la honra
Porque se deslumbran y apasionan,

Sienten un sentimiento abrazador
Que domina todos sus sentidos
Y que ellos creen que es amor
Por eso se rinden desprevenidos,

Por ese sentimiento cruzan el mar
Y bajan estrellas del mismo cielo
Y se enfrentarían, al bien, y al mal
Convirtiéndose en héroes de fuego y hielo,

Por eso en febrero y todo el tiempo
Cuando sientas deseos de amar a alguien,
Tráele a Dios ese sentimiento
Y pídele que envíe a quien te ame,

Pero el amor más importante
Que debemos luchar por obtener
Es el de Dios siempre triunfante
Que da esperanza fe y poder.

BRUJERÍA

A unas personas escuché
Quejarse de noche y día
Y en lo que oí me percaté
Que culpaban a la brujería,

``No consigo ni un trabajo``
Decía una con agonía,
``Mi vida está boca abajo
Porque me han hecho brujería``

``No gano en la lotería``
Se quejaba otra llorando,
``A mi me han hecho brujería
Y las deudas me están ahogando``

``Mi marido se ha ido con otra``
Escuche a una histérica que decía,
``El dice que me ama y se le nota,
Pero es que esa le hizo brujería``

``Mi hijo anda en las drogas
Y de mis males no sano todavía``
Me dijo una con cara de boba,
``En mi casa tiraron brujería``

``Todos los días peleamos
Aun por cualquier tontería``
La novia decía con reclamos,
``Por envidia me han hecho brujería``

``Yo no me veo mal,
Pero nadie me mira en la vía,
En el amor me va tan fatal
Porque a mí me han hecho brujería``

Creo que me han hecho brujería,
Es la conclusión a cualquier dilema
Y buscan con ansias que desvaría
A un brujo que solucione el problema,

Y así sucesivamente
Escucho queja tras queja
Y me sorprende que tanta gente
Sea tan tonta y tan ciega,

Que en pleno siglo actual,
Con el modernismo y la tecnología
Le den semejante sitial
A la maldita brujería,

Y no creas que son ignorantes
Los que consultan el tarot y la astrología,
También hay profesionales brillantes
Que están dominados por la hechicería,

Y lo que más causa sorpresa,
Es que un brujo es quien hace el trabajo
Y al sentir el embrujado, del mal la presencia
Va, avece al mismo brujo para ser curado,

Yo se que la brujería existe
Y no lo voy a negar,
La misma Biblia lo dice
Que existe el bien y existe el mal,

La Biblia dice claramente
Que los brujos no irán al cielo
`Por el daño que causan a la gente
Siendo del diablo mensajeros,

El poder que la brujería tiene
Se lo da el enemigo
Pero si de Dios en busca vienes
No hay mal que pueda contigo,

No hay brujería buena,
Ni la llamada magia blanca
Y aunque digan que cura a personas
Quien la consulta. Vende al diablo su alma;

DIOS ES EL TODOPODEROSO,
Lo dice la naturaleza cada Día
Y si te refugias en sus brazos amorosos
No te dañará ninguna brujería.

Dios te lleva tan cerca, que lo puedas tocar
Tan lejos como puedas andar
Tan rápido como puedas pensar
Tan suave como puedas desear
Tan alto como puedas volar
Y solo hacia abajo para que no olvides clamar

NO CREO EN LA CASUALIDAD

Qué casualidad que hayas venido,
Que coincidencia que te haya encontrado,
Es la expresión de los que creen en el destino
Y esperan que la suerte siempre esté de su lado,

Pero yo no creo en casualidades,
Ni que las cosas ocurran al azar,
Creo que Dios a todos nos da oportunidades
Y de nosotros depende saberlas utilizar,

No existe la buena, ni mala suerte
Esta es el resultado de lo que haces, o dejas de hacer,
Existe la vida y también la muerte
Y es Dios quien decide cuando ha de suceder,

Creo que si estamos aquí y ahora
Es porque así lo dispuso El creador
Y si buscamos su mirada bienhechora
A diario obtendremos su bendición y amor,

Por eso con mis letras plasmaré este tratado,
Que no creo en suerte, casualidad ni coincidencia,
Porque Dios tiene todo fríamente calculado
Y nosotros solo debemos mostrar obediencia.

¿QUÉ TIENES PARA DAR?

Pedro y Juan subían un día
Hacia el templo de la hermosa
Sin saber que Dios obraría
Una experiencia maravillosa,

Iban a la hora de la oración al templo
Ambos llenos del Espíritu Santo
Dejándonos así el ejemplo
Del lugar que frecuentan los cristianos,

Estaba allí un tullido de nacimiento
A quien a diario dejaban a la puerta
Pues las limosnas eran su sustento
Y la seguridad de comida en su mesa,

Al ver a los apóstoles, pidiosle limosna
Y ellos le miraron fijamente a los ojos
Y Pedro dijo ¡míranos! Con seguridad que impresiona,
No tengo oro ni plata, pero te daré de lo que tengo,

Atento estuvo esperando recibir
Una moneda que sin duda aliviaría su situación,
¡En nombre de JESUS DE NASARETH levántate y anda! Escuchó decir,
Y comprendió que esto era mejor que cualquier donación,

Como él no tenía fe, pues no conocía a los discípulos,
Pedro le tomo de la mano, porque él conocía a Cristo
Y al instante afirmó sus pies con fuerza en sus músculos
Y con alegría alababa a Dios, saltando y dando brincos,

¿Por qué si todavía existen enfermos en el mundo,
Y aun los encontramos en nuestro propio templo,
No se ve sanación ni milagro rotundo,
Será porque se acabo la fe que tenia Pedro?

Pedro dijo al hombre, no tengo oro ni plata,
Pero no se quedó con las manos cruzadas,
Porque sólo aquel que no tiene esperanza
No intenta compartir, porque no tiene nada,

No son cristianos con dinero, lo que el mundo necesita
Para aliviar el dolor que ocasiona el enemigo,
Sino hombres y mujeres que vivan lo que predican
Creyendo que hay poder en un Cristo que está vivo,

Cristianos consagrados, que odien la hipocresía
Y donde quiera que estén, actúen como en la iglesia
A ver si no se verán conversiones día tras día,
Porque el poder de Dios no se acabó y actúa en quien lo acepta,

Cristianos que den al señor, tan solo el primer lugar
Por encima del trabajo y hasta de sus propios hijos,
Que recuerden que fueron llamados, a este mundo iluminar,
Cristianos que estén convencidos, pero también estén convertidos,

Y entonces cuando encuentres a un necesitado
Que te extienda la mano para ayuda suplicar
Recordarás que no solo Pedro tenía el llamado
Y que Jesús te preguntara a ti ¿qué tienes para dar?.

EL MUNDO SE ESTÁ ACABANDO

Cada día en televisión
O en otro medio de comunicación
Nos llega un sinfín de información
Que ya ni causa admiración,

Muerte violencia y hurto
Están a la orden del día,
Dejando luto y difuntos
En toda la ciudadanía,

Ya no se puede caminar
Sin preocupación y recelo
Porque el simple transitar
Puede convertirse en duelo,

Se ha perdido la tolerancia
Respeto amor y compasión
Y un niño que está dejando la infancia
Ya es un perfecto matón,

El irrespeto a los mayores y padres
Es el pan de cada día
Y el que lo corrige resulta culpable
Y le suelen llamar a la policía,

Y así se le dan alas al muchacho
Y le atan las manos al padre
Y confundiendo corrección con maltrato
Se saca un delincuente a la calle,

Y qué decir del mismo gobierno
Y de los que ostentan cargos de autoridad,
Avece parece el mismo infierno
Y como que solo piensan en robar,

El que tiene quiere más
El patrón les roba a sus empleados
Niñas a diarios se convierten en mamás
Y aumentan los niños abandonados,

Ya no se puede confiar
Ni en la misma policía
Porque muchos suelen estafar
En las calles y en la vía,

Se construyen grandes mansiones
En áreas a orilla del mar
Para hospedar en sus habitaciones
A mafiosos que pueden pagar,

Se da un aumento alarmante
En enfermos y muertos por sida,
Enfermedades venéreas y cáncer
Aborto e irrespeto por la vida,

Además la naturaleza y el entorno
También nos están hablando
Pues por el daño a la capa de ozono
La tierra se está calentando,

Entonces ¿qué podemos hacer,
Ante esta situación de caos rotundo?
Pues todos debemos entender
Que estas son señales del fin del mundo,

Por eso el que ya conoce a Dios
Consagre completamente su vida
Y el que aún no lo aceptó
Que se entregue sin medida,

Porque esto no va a mejorar
Aunque los científicos eso estén pregonando,
Sino que todos nos debemos preparar
Porque el mundo se está acabando.

¿QUÉ TIENES EN TUS MANOS?

Cuando Dios llevó al cielo, a Elías
Escogió a Eliseo como profeta
Y acerco se a él, una viuda un día,
En la que advirtió angustia y pobreza,

Pues tanto ella como sus hijos
Por las deudas que el difunto dejó,
Estaban a punto de ser vendidos
Y expuestos a un destino lleno de horror,

Preguntó a la viuda el hombre de Dios
¿Qué cosa tienes en tu hogar?
Un poco de aceite, trémula respondió,
Sin saber que eso era todo lo que Dios iba a usar,

Pues ve con tus vecinos y pídeles vasijas,
Pide todas las que puedas, sin escatimar
Y en ellas pon el aceite que tienes en la botija
Y luego véndelo y tus deudas podrás pagar,

Y aquella pobre mujer obedeció al mensajero
Y su angustia convirtiose en celebración
Y sobre todo reconoció que no fue por el dinero,
Sino porque estuvo dispuesta a creer de corazón,

Yo, al igual que aquella viuda,
Un día me vi en necesidad
Y supliqué a Dios por ayuda
Y su respuesta no se hizo esperar,

Claro que te voy a ayudar,
Porque eres mi hija y te amo,
Sólo te voy a preguntar
¿Qué tienes ahora en tus manos?

Respondí con gran tristeza
No tengo nada señor
Sólo una vida triste y deshecha
Marcada por fracaso y dolor,

Insistió con gran ternura,
Casi postrado en el suelo,
Yo no he hecho una creatura
En quien no haya dejado un anhelo,

Busca corazón, busca,
Aquello en se refugia tu alma,
Cuando con manos y cara mustia,
Es lo único que te brinda la calma,

Ya estaba a punto de decir
No tengo nada mi Dios,
Cuando una luz brillo dentro de mí
Y sonriente me volví al señor,

Si padre tengo un talento
Algo que me aleja de la realidad
Me gusta escribir en versos
Lo que escucho y suelo observar,

Ya ves que tenía razón,
Me dijo feliz mi padre amado,
Tú sólo dame tu corazón
Que de tu dolor yo me he encargado,

Y así fue como cada día,
Abrían se puertas en la misma nada,
Y sólo la seguridad de que él me sostenía
Me mantuvo a flote en la hondonada,

Observando directo en vivo
Como trabaja su amor y poder
Me convertí en la mejor testigo
De lo que Dios hace con el que quiere obedecer,

Y sigue resonando la pregunta e invitación,
A todo aquel que quiera un cambio en su vida,
¿Qué tienes en tus manos? Dámelo con tu corazón,
Que yo te devolveré una vida bendecida.

El dolor por el bienestar ajeno
Demuestra un corazón lleno de veneno

¿PARA QUIÉN ES EL PARAÍSO?

Se ha querido vender
Una idea distorsionada,
Que coloca a la mujer
En una seria encrucijada,

Donde se deja entrever
Sin importar sus atributos
Que lo importante de la mujer
Es el tamaño bruto,

Pero no el tamaño de sus ideas,
Ni sus valores morales,
Ni importa si procrea,
Ni sus delicados modales,

Es lo grande de sus pechos,
Sean naturales o artificiales,
Para sentirse ante el mundo satisfecho
El hombre que logre conquistarle,

No importa si ella es tierna
Responsable y cariñosa,
Si no lo linda de sus piernas
Y su figura graciosa,

Y esta es la triste idea
Que se vende en la actualidad,
Donde pareciera que las feas
No tienen ninguna oportunidad,

Y las ingenuas muchachitas
Que están abriendo los ojos,
No utilizan la malicia
Para descubrir el gran robo,

El robo de su inocencia,
De su naturalidad y candor,
Donde se acalla conciencia
Y se ignora el amor,

Lo más triste del asunto
Es que somos las mujeres
Quienes parecemos estar a gusto
Y no nos molesta ni conmueve,

Que nos traten como un objeto
O muñeca de vitrina
Que no tiene sentimientos
Ni tampoco auto estima,

Ya que se nos exige apariencia
Y a cambio nada pedimos
Y mostramos indiferencia
Ante el irrespeto cretino,

Para ellos el paraíso
Es que las tengas bien grandes
Y si no llenas el requisito
Debes correr a operarte,

Logrando con esto así
Que observemos en la vía
Mujeres cual maniquí
Repletas de cirugía,

¿Pero quién piensa en nosotras
Y en el paraíso que deseamos,
Cuando no nos gustan ``sus cosas``
Y calladas aceptamos,

Estarán dispuestos también
A darnos satisfacción
Y cuando algo no le guste a la mujer
Se harán una operación?;

Pensando`` claro está``
Que se busca el paraíso,
Ya que ambos deben disfrutar
Y obtener los beneficios.

Todo lo dicho destaca
La pérdida de lo hermoso
Del amor en primera plana
Y del concepto religioso,

Porque El Gran Dios en su sapiencia
Dejó todo muy bien hecho,
Pero el hombre con su imprudencia
Lo ha convertido en desecho,

Y sólo basta observar
La conducta de animales
Quienes no han osado cambiar
Manteniéndose naturales,

El paraíso existe si se aman
Y no en el tamaño de tetas,
Por eso si me proponen cambiarlas
Respondo`` mira, a mí, tú me respetas.``

LA OTRA CARA DEL RON

En un autobús escuchaba
A unos niños muy jocosos
Que entre risas mencionaban
Un comercial novedoso,

Decían, cuando yo sea adulto
Voy a tomar del mismo ron
Para agarrarla de los glúteos
Como vi en televisión;

Yo tomaré del mismito
Ron, que la tele exaltó,
Para llegar y decirle al oído
Camina que llegué yo;

Yo me la llevaré
Delante de toda la gente
Y después la acostaré
En la primera mesa que encuentre.

Atónita me quedé
Por lo que escuchaban mis oídos
Pues yo no podía creer
Lo que le estamos haciendo a los niños,

Con los mensajes que enviamos
A través de los medios de comunicación,
Ya que están asimilando
Como bueno, tanto error,

Pero lo que más me duele
Ya que afecta mi dignidad,
Es ver que se pinta a las mujeres
Como un cuerpo sin mente, ni capacidad,

Como un objeto llamativo
Que acepta sin discreción
Irse con el primer tipo
Que esté hediondo a ron,

Y a la vez me pregunté
¿Qué hacen las autoridades de este país?,
Después dicen no saber ¿por qué?
La niñez está actuando así,

Y pegan el grito al cielo
Cuando los niños hacen actos funestos
Y entonces se hacen los ciegos,
Y le echan la culpa al maestro,

Sabiendo a ciencias ciertas
Que en el ron no hay nada sano
Y que la mayoría de las boletas
Se las han puesto a embriagados,

¿Por qué no se hace un comercial,
Con niños muriéndose de hambre
O el centro de la celda de un penal
O cadáveres entre retorcidos alambres,

Mujeres golpeadas y maltratadas,
Mendigos e indigentes en las calles,
Cuantas familias abandonadas,
Y quién es el culpable? Todos los saben,

Es el maldito y dañino licor,
O si lo prefieres la cerveza
Allí es que hay que decir, llegue yo;
Cuando estas lleno de problema hasta la cabeza.

QUIERO UN HOMBRE

La búsqueda más furtiva
Que se da en este planeta,
Que impulsa y cautiva
Y que es de muchas la meta,

Es hallar un hombre bueno
Con quien compartir la vida
Que sea sincero y tierno
Y que la ame día tras día,

Pero lamentablemente
De esos quedan muy pocos
Porque nadie tiene en mente
Hacer un papel de loco,

Ya que la cruda realidad
Es que se considera locura
El amor, la amistad,
La decencia y la cordura,

Y la mayoría de las mujeres
Tenemos parte de culpa,
Que los hombres no se entreguen
Porque la cortesía no es mutua,

Les decimos con toda la boca
Que de caballeros, no tienen nada
Y entonces alguien nos riposta
Será porque aquí no hay damas,

Pero yo sí creo en los hombres
Y en sus buenas intenciones
Y que dejan en alto el nombre
Cuando así se lo proponen,

Creo que hay hombres malos,
Pero hay mujeres malas también
Y creo también que hay buenos machos
Y buenas hembras por doquier,

Por eso decirles quiero
Y anunciar con estos versos,
Que quiero un hombre sincero
Para llenarlo de besos,

Quiero un hombre cariñoso
Que a diario me consienta,
No me molesta si es meloso,
O si en las noches me despierta,

Que me diga que me quiere
Aunque ya me lo haya dicho
Y que por mí el se muere
Aunque oigan los vecinos,

Que me abrase y me apapache
Aunque no haya intimidad,
Y cuando yo a él lo abrase
No responda con frialdad,

Que si quiere estar conmigo
Cuando estoy en los quehaceres,
Me ayude con los oficios,
En vez de decirme ¡mueve!

Que me corrija y me enseñe
Cuando como humana peco
Y si me equivoco que me pegue,
Besitos en todo el cuerpo

Quiero un hombre que le guste
La obligación y el trabajo,
Sin olvidar que divertirse
Es parte del ser humano,

Quiero un hombre que sea mío
Y sepa que yo soy de él,
Que no me mire con hastío
Cuando vea una linda mujer,

Porque la que tiene a su lado
No será la gran sensación,
Pero es la que le prepara el bocado,
``Además el tampoco es James Bonds``

Que salude a sus amigas
Aunque yo esté a su lado
Porque la unión de dos vidas
Es casados, no encarcelados,

Cuando salgamos de compras
Sea paciente y divertido,
Feliz por estar con su esposa
Y yo por estar con mi marido,

Y cuando me visto o cocino
Sepa elogiar esos detalles,
Para que no me deslumbre oírlos del vecino
O cuando salgo a la calle,

Quiero un hombre para decirle
A diario, yo te adoro;
Y en privado y público repetirle,
Eres mi amor y mi todo,

Quiero que seas mi amante,
Además de mi marido,
Por si deseo engañarte,
Quiero que sea contigo,

Quiero un hombre, no un santo,
Pero que en Dios este su objetivo,
Para acompañarle en salud y quebranto
Por si peca, que peque conmigo.

QUIERO UNA MUJER

En el tema de la conquista
Surge un gran dilema
Que espanta y atemoriza
Y en otros produce pena,

Porque tristemente sucede
Que a la hora de enamorar
Los hombres a las mujeres
Las tenemos que deslumbrar,

Y aunque tenemos la fama
De picaros y mujeriegos,
Recuerden que fueron las damas
Quienes comieron del fruto primero

Y el hombre la siguió después,
Sabiendo que era malo lo que hacía
Porque si lo apartaban de su mujer
La muerte preferiría,

Aunque no todas nos lastiman,
Ni son malos todos los hombres,
Hay unas que son divinas,
Pero no sé donde se esconden;

Y con esta certeza fija
Quiero encontrar la mujer
Que en mi mente y alma viva
Para darle todo mi querer,

Quiero una mujer para mantenerla,
Darle amor y gran ternura
Y solo pido que me atienda
Y de mi se sienta segura,

Quiero que aunque sea celosa
Muy bien lo disimule,
Que si me ve hablando con otra
Pregunte y no especule,

Que sea mi amiga y mi amante
Mi esposa y compañera,
Que se dedique a conquistarme
Como una picara quinceañera,

Que no descuide su apariencia,
Porque hay mujeres bellas en la vía,
Y se esmere en su figura y vestimenta
Como cuando era la novia mía,

Quiero que ella comprenda
Que los hombres con fechas y detalles
Perdemos fácil la cuenta
Y no es porque no la ame,

Y en esos casos precisos,
Que sea astuta y coqueta
Y si me lo recuerda con 20 besitos
Mi memoria queda abierta,

Si un día me ve llorar,
No piense que soy poco hombre,
Que entienda mi malestar
Y con ternura me consuele,

Por favor yo le suplico
A la que comparta mi vida,
Que no me ponga en un suplicio
A la hora de la comida,

Con una pregunta infame,
Infantil y desmedida,
Que entre ella y mi madre,
De cual prefiero la comida,

Si un día quiere ir a pasear,
De compra, o con la familia
Y no la puedo acompañar
No se muestre resentida,

Que no chille y llore por todo
Para obtener mi atención,
Pues su carácter es lo que valoro
Y la complazco por amor, no compasión,

Que no invente enfermedades,
Si no quiere estar conmigo
Y que nunca mencione a mi madre
Si enojados discutimos,

Que siempre huela bonito,
Aunque cocine con ajo y cebolla,
Para que al acercarme a darle un besito,
Me quede prendido de ella,

En su apariencia y etiqueta,
No le exijo que sea gran dama
Y cuando se encuentre molesta
No me ponga a dieta de cama,

Que porque estemos casados
Y hayan crecido los hijos
No piense que estoy castrado
Y solo me atienda en domingo,

Si un día me ve desanimado
Con problemas de rutina
No empiece con sus reclamos
Y pregunte ¿qué te pasa mi vida?

Quiero además que mi amada
Economice en el hogar
Y si la situación se pone apretada
Me ayude también a trabajar,

Si un día deseo planchar o cocinar
Tal vez en mi día libre,
Después no me quiera obligar
A que lo haga de costumbre,

Que no le dé pena, estar conmigo
Y en veces la iniciativa la tome ella
Porque el amor no es cosa de niños
Y en eso jamás opondré querella.

En fin yo no pido mucho,
Pues solo quiero hacerla feliz
Y que al oído me diga en murmullo
Papi no puedo vivir sin ti,

Y entonces yo sonrío satisfecho
Y se llena mi pecho de orgullo grato,
La abrazo, la aprieto y también la beso
Y le digo mami aquí tienes macho pa, rato.

Aunque la sinceridad se vea escasa
Y la hipocresía abunde en la plaza
La amistad no ha fallecido,
Pues mi presencia es el mejor testigo
Y Dios mi mejor amigo

EL VALOR DE UN ESTUDIANTE

No entiendo, aunque me esfuerzo,
Lo que le pasa a la juventud,
No están aprovechando el tiempo
Y actúan con pereza y lentitud,

No comprenden que en la vida
El tiempo que se va no vuelve
Y que la flor cuando se marchita
Toda su gracia y belleza pierde,

Si han tenido la oportunidad
De lucir un uniforme escolar,
Deben portarlo con dignidad
Y a Dios a diario las gracias dar,

Pues hay niños que aunque quisieran
No han podido estudiar,
Porque están luchando en la guerra
O caminando al campo a cosechar,

La esperanza de una nación
No consiste en su poderío militar
Sino, en jóvenes que se digan al corazón,
Si quiero progresar, me tengo que educar.

Que vean a su colegio
Como el lugar de preparación
Y no solo como centro de juego
De romance, pasatiempo y vacilón.

Que las drogas y cualquier vicio
No empañen la visión
Y conviertan en desperdicio
A aquel que pudo ser un campeón,

Comprendamos que ``el juega vivo``
Es llegar a ser un profesional
Para cuando vengan los hijos
Lo mejor poderles dar,

Les hago una invitación
Y acéptenla por favor,
Que se propongan como misión
Actuar diferente y portarse mejor

Y a nivel del mundo entero
Tener una actitud brillante,
Y cuando los vean se quiten el sombrero
Porque allí va un estudiante.

LA PATRIA ES LA VIDA

¿Qué es la patria? Pregunta un niño,
Yo no sé, dice la mamá,
Pero no te preocupes cariño
Que en la escuela lo aprenderás;

Y llega el niño a la escuela
Dispuesto a preguntar a su maestra,
Por el tema que a él le inquieta
Y aún no ha obtenido respuesta.

Maestra, ¿Qué es la patria?
¿Por qué esa inquietud alma mía?
Es que usted pregunto en la práctica,
¿Porque la patria sufría?

Y esto quedo en mi mente
Por favor acláremelo más,
Para explicárselo a la gente
Y también a mi mamá.

¡Qué lindo! tesoro mío,
Por ese interés personal,
La Patria, dicen los libros
Es el pabellón nacional

Es saludar la bandera
Con respeto y devoción,
Es desear retornar a la tierra
Cuando estas lejos de tu nación,

Es bailar el tamborito,
La cumbia y el bulle rengue,
Es no poder ahogar los gritos
Cuando un panameño gana o pierde;

La patria es un sentimiento
Que nos oprime el corazón
Sacando desde muy adentro
Orgullo, fiereza y pasión,

Cuando ves tú enseña tricolor
Ondear en una nación ajena
Porque un destacado competidor,
Llevó a su patria en las venas,

Como lo hizo Roberto Durán,
El otrora campeón capitalino;
Y como lo hizo en las olimpiadas y el mundial
El gran Irving Saladino,

La patria es una semilla
Que nos une y nos agita
Y nos convierte en una familia,
Como lo hicimos con Margarita

Dice el diccionario, mi niño,
Que la patria es el suelo donde se nace,
Donde das y recibes cariño
De tus hermanos y padres.

Maestra, me va hacer llorar,
Por favor no siga,
Pues ya entendí con su explicar,
O sea que la patria es la vida.

SE LLAMA PANAMÁ

Hay una tierra hermosa
Y lo que se siembra en ella, florece,
Tiene época seca y lluviosa
Y gran abundancia de peces,

Bañada por dos mares,
Con un clima tropical,
Con verde bosque a sus lares,
Señora de manantial,

Con un cielo brillantísimo
Por el sol con la luz más bella,
Que también de noche es bellísimo
Por la luna y las estrellas,

Con música y gozo profundo
Y en cada lira un verso,
Utilizada como puente del mundo,
Ubicada en el corazón del universo,

Surcada por mariposas
En el campo y la ciudad,
Con historias glamorosas
Que hablan de Felipillo, Bayano y Urraca,

Con héroes de carne y hueso
Que por ella dieron la vida,
Como Victoriano Lorenzo
A quien la historia no olvida,

Pequeña entre las vecinas,
Menor entre sus hermanas,
Donde el niño junto a la niña
Se convierten en gente sana,

Gente que a todos contagian
Por su calor y sonrisa amable,
Gente que sufre y trabaja
Pero saca tiempo para el baile,

Para el baile en sus corazones,
Pues donde llegan se hacen notar
En deportes y demás participaciones
Y Su alegría suelen contagiar,

Con razas acrisoladas
Donde el negro, blanco e indio
Dejaron huellas marcadas
Haciendo a su gente trihibidos,

Y sigue creciendo en prosperidad,
Pues a leguas se puede ver
Que en el campo y la ciudad
El niño aprende a leer,

En fin, es una tierra preciosa
Con gente que agradece a Dios
Por las espinas y las rosas
Por el llanto y el amor,

Incontable son los atributos
Que Dios concedió a este país,
Que no alcanzarían los minutos
Para expresarlos aquí;

Y si aún no has identificado
Cual es esta hermosa ciudad,
Decirte su nombre es para mí un agrado,
Es la mía, Es mi patria, y se llama Panamá,

NO HAY PATRIA COMO LA MÍA

Tal vez por ser tan pequeña
Y reducida en habitantes
Se ha convertido en la dueña
De un sitial tan importante,

Y aunque no tiene minas de oro
Que origine sus riquezas
Y tampoco tiene petróleo
Que acentúen su grandeza,

Mucho menos papel moneda,
Tampoco es un gran exportador,
Ni fabrica armas de guerra,
Ni construye autos a motor;

Pero algo debe tener
Para que la prefiera el visitante,
Y se haya dado a conocer
Como un sitio exuberante,

Al que concurren a diario,
De todos los continentes,
Turistas y empresarios
Para ampliar sus horizontes

Y la gente que aquí habita
Es la más feliz del universo,
Ya que vive complacida
Compartiendo afanes y versos,

Por eso es que si visitas
Estados Unidos o Europa,
Te enteraras, si lo solicitas
Que gente panameña hay poca,

Pues nadie quiere dejar
Un sitio rico y fecundo,
Que no se puede encontrar
En ningún otro lugar del mundo;

Un suelo donde se goza
Y se comparte con amor,
Donde hay libertad religiosa
Para alabar al creador,

Para ir el domingo a la playa,
Al rio si más te agrada,
Pero bayas a donde bayas
La diversión está asegurada,

Pero si prefieres ir a pasear,
Colon, Chiriquí, Bocas Del Toro,
Son provincias que puedes visitar,
En la que disfrutarás a tu modo,

Por eso dentro y fuera de mi suelo istmeño,
Gritaré con mi vida y la poesía,
Que me siento orgulloso de ser panameño,
Porque no hay patria como la mía,

El que se excusa en Dios,
Para no hacer el bien
Tan solo demostró
Que es un falso y un infiel

UNA TIERRA BENDECIDA

¿Cuál es el distintivo
Que caracteriza a Panamá,
Y que nos hace reconocidos
A nivel internacional?

¡Sera el puente de las Américas,
Orgullo de construcción!
Sería esta la respuesta
Que te sale de sopetón,

Pero somos más que un puente
Que une con sus mares el mundo,
Somos también esa gente
Que comparte un gozo profundo,

Con alegría, esperanza y sabor,
Con playas y brisas frescas,
Con deporte ritmo y candor
Y en cada día una fiesta,

Cuando la bandera nacional
Miramos con cara agradecida,
Porque mi bello Panamá
Es una tierra bendecida.

HIJO YO CREO EN TI

Quiero ensanchar mi garganta
Para gritarle a toda la gente
Que soy una madre afortunada
Porque tengo un hijo inteligente

Inteligente, no he dicho perfecto,
Amable, sencillo y juguetón
Y como humano sé que tiene defectos
Y en el pecho un gran corazón,

Y sabrá con audacia aprovechar
Las oportunidades que tiene en el presente,
Para en el futuro poder cosechar
Lo que ha sembrado sabiamente,

Tengo un hijo valeroso,
Que no se aprovecha de la debilidad,
Que reconoce que al todo poderoso
Un día, cuenta hemos de dar,

Tengo un hijo que ríe y juega
Y disfruta su juventud,
Pero sé también que mi hijo sueña
Y que en su alma tiene virtud,

Tengo un hijo que ante el mal
Ante el vicio y el pecado,
En algún momento podrá flaquear
Pero nunca quedar derrotado,

Mi consejo hijo amado,
Lucha triunfa y se feliz,
Y si a alguien le has fallado
Nunca te falles a ti.

Quiero pedirte perdón
Por cada palabra dura,
Por no haberte dado más amor
Más cariño y más ternura,

Pero es valedero el momento
Para aprovechar la ocasión
Y decirte desde muy adentro
Que eres mi gran inspiración,

La imagen que tengo de ti
Que se formó día tras día
Es la que me hace sentir
Esta mescla de orgullo y alegría,

Y sé que está el día cercano
Cuando con madurez y experiencia
Abandones los juegos y el relajo
Y utilices esa gran inteligencia,

Por fe miré la venida de Jesús,
Y junto a mis hijos, con amor le recibí
Por eso hoy alumbrada con su luz,
Quiero decirte`` hijo yo creo en ti``.

HIJA TU ERES ESPECIAL

En todos los cuentos de hadas
Se mencionan personajes de nobleza,
`Pero también en la vida diaria,
Nacen a diario princesas,

Princesa como mi hija,
Con un rostro sin igual,
Que un día llego a mi vida
Trayendo una luz especial,

Esta hija completó el cuadro
De lo que sería mi familia,
Y con su gracia, cual milagro,
Se hizo por todos querida,

Es mi dicha, mi alegría,
Con defectos y virtudes,
Es la juventud, que me recuerda la mía
Y me hace mirar los cielos mas azules,

Porque Dios me ama, la amo,
Pues su ejemplo nos ha dejado
Para que en este mundo en que estamos,
Rodeemos de amor al ser amado;

Amor, tu eres una princesa
Hija del Rey del cielo,
Por eso levanta la cabeza
Y entrega a Dios tus anhelos,

Tú no eres cualquier planta
Que nació, y se secará al marchitar,
Tu destino es la tierra santa
Porque hija, tu eres especial.

TE PROMETO MAMA

Madrecita dulce y buena,
En esta hora preciosa
Quiero borrarte las penas
Con un beso y una rosa,

Porque siempre estás conmigo
Y me ayudas con mis tareas
Y cuando voy por el camino,
Tu recuerdo me aconseja,

Mamita yo se que a veces
Contigo me porto mal,
Pero por dentro me duele
Y te lo vengo a confesar,

Y hacerte una promesa
Que ante Dios quiero cumplir
Para que nunca sientas tristeza
Y estés orgullosa de mí,

Que te haré caso en todo,
Y aunque no siempre gane excelente
Me portaré de tal modo,
Que de alegría estarás sonriente.

Dios pone en tus labios su miel,
Mientras absorbe en los suyos tu hiel

DIOS HIZO A MAMÁ

Como a Dios no puedo verlo
Aunque me ama y cuida a diario
Dejó un ángel en este suelo
Para que fuera su intermediario,

Un ser que irradia ternura,
Cariño, paciencia y abnegación
Y a veces por amor castiga
Para alejar a su hijo del error,

A quien no le importa el sacrificio
Y dar el pan de su sustento
Y convertir en alegría el suplicio
Y su desvelo en el mismo firmamento,

Y lo más maravilloso de este regalo
Que nos legó el sabio creador
Es que lo tiene el adinerado,
Pero también el más pobre morador,

Y a nivel del mundo entero
En el campo o en la ciudad,
Todos gozan de este tesoro
Por el amor que sólo ella sabe dar,

Por eso es, que todo niño
Su primera frase al balbucear
Menciona con gran cariño
Las tiernas notas que dicen: mamá.

SOLA REALMENTE O REALMENTE SOLA

¿Cuántos años tienes? le preguntó
Una señora, a una joven hermosa,
Contestó, ya pase de veintidós,
Con sonrisa maliciosa.

Y ya tienes novio supongo,
Continuó en su interrogatorio,
La verdad es que aun no tengo,
No tengo tiempo para novio.

Pero qué cosa tan rara,
Con lo guapa que estás;
Prefiero estar sola que mal acompañada,
Eso me enseñó mi mama.

Pero Dios hizo la pareja,
Si hasta la Biblia lo explica;
Señora ¿y usted porqué se queja,
Si soy yo quien está solita?

Bueno, es que me da mucha pena,
Pues tienes un rostro hermoso;
Señora cambiando de tema,
¿Cómo le va con su esposo?

Ni me preguntes querida
Que me da un mal sabor en la boca,
No sé qué hacer con mi vida,
El maldito se fue con otra.

¡O sea señora mía!
¿Que usted está preocupada por mí,
Y que le duele mi soltería
Es lo que me quiere decir?

¡Pero quien entiende el mundo
Y la gente que lo habita,
Quieren mostrarle el rumbo
A quien no se lo solicita!

¡Qué manía de creer
Que el soltero no es feliz,
(Algún defecto debe tener)
Eso solemos decir!

Y lo peor es que quien lo dice,
Es muchas veces un casado
Que día y noche maldice
Por haberse amarrado,

Y creemos digno de compasión,
Al que está solo, o pasa por una rotura
Sin saber si esa separación
Significa su dicha y ventura,

Pues el fondo de una paila
Solo lo conoce el cucharon,
Y a veces lo que deseamos es que se valla,
Y si otra se lo lleva, nos hace un favor,

Y no es que estar solo sea bueno,
Ni sea malo estar casado,
Lo bueno es que todos aprendamos
A respetar los gustos privados;

Que el casado sea feliz
Junto a ese ser amado
Y que disfrute en compartir
Los momentos más preciados,

Y si el soltero es feliz
Estando en esa situación,
Dejémoslo que pueda vivir
Sin nuestra lástima ni interrupción,

Que cada quien viva su vida,
Bien con Dios y los demás,
Con actitud y mente positiva
En busca de su felicidad,

Feliz quien está sola realmente,
Porque esa ha sido su elección,
Sola, pero rodeada de aquella gente
Que le da toda dicha y satisfacción;

Triste es quien está realmente sola,
Porque la soledad está en su mente,
Porque en vez de nadar y mecerse en las olas,
Llora, gime y envenena su ambiente.

Si el mensaje ha sido tan claro
Que puedes descifrarlo rápidamente,
Entonces podrás decir sin reparo
Si estás realmente sola, o sola realmente.

ÁNGELES ESPECIALES

Nacimos con un don especial
Que hace que nos miren con curiosidad
Y a veces nos tratan bastante mal
Por no entender lo que es discapacidad,

Muchos prefieren llamarnos loquitos
O enfermos mentales que son casi igual,
Pero si pensaran aunque sea un poquito,
Notarían que en silencio nos hacen llorar,

Porque tenemos corazón y sentimientos,
Ya que también somos seres humanos
Y nos duele el trato que por desconocimiento
Nos dan los que ante Dios son nuestros hermanos,

Somos diferentes, de eso no hay duda,
Porque así lo dispuso el creador,
Para que entre todos, con amor y ternura,
Hagamos de este mundo un sitio mejor,

Como eres un ser inteligente y positivo,
Has visto que en un jardín hay claveles y rosas,
También somos así las niñas y los niños,
Diferentes, pero juntos en esta tierra hermosa.

EL DESHIELO UN TEMA CANDENTE

Hasta hace algunos años,
El hombre solía creer
Que éramos muy afortunados
Porque agua podíamos tener,

Que podíamos beberla,
Usarla y malbaratarla,
Como se suponía eterna
No había necesidad de cuidarla,

Pero algo está sucediendo
Que llama nuestra atención,
¡Nos dicen que la estamos perdiendo,
Que el agua está en extinción!

Y la causa que se menciona
Que ha ocasionado el problema,
Es que se ha calentado la tierra
Haciendo que los glaciares se deshielan,

Por pesticidas y dióxido de carbono
De autos, y descuido de fábricas,
Hemos dañado la capa de ozono
Y se está deshilando la Antártida,

Y en palabras que todos entendemos,
Aquí lo que está pasando
Es que esa gran cantidad de hielo,
Era agua que estábamos reservando;

Y si continúa deshelándose,
Afectará al mundo entero,
Los animales y plantas seguirán afectándose
Y la muerte no tendrá derrotero,

Por eso debemos unirnos
Y hacer correctivos y cambios urgentes,
E informarle hasta a los niños,
Que el deshielo es un tema candente.

Aunque te ofendan y te duela
Nunca te defiendas con espuelas

MADRE TIERRA

Tierra no es solo un pedazo
De terreno cultivable
Ni tampoco es el espacio
Que se considera habitable,

Tampoco es la charca donde se juega
Un partido de futbol
En el parque, o en la escuela
Después de un gran chaparrón,

Tierra también es plantas,
Flora, fauna y alegría,
Tierra es también la esperanza
Que comparte el alma mía,

Con todos los seres vivos
Que comparten este planeta,
Aunque a veces por descuido
Le causamos daño y molestia,

Daño que afecta a todos
Y a todos pone en peligro
Y nos perjudica de tal modo
Amenazando el equilibrio,

Tal vez por ignorancia
O por falta de precaución
No actuamos con beligerancia
Para brindarle más protección,

A la tierra que es la vida,
A la madre que es la tierra,
Donde el corazón late y transpira,
Donde el niño juega y siembra.

HASTA LUEGO

Ya se siente el refrescar
De la brisa veraniega,
Ya está a punto de llegar
El fin de otro año de escuela,

Muchas cosas se han vivido
De alegría y de tristeza,
Mucho hemos aprendido
En debilidad y fortaleza,

En conocimiento y estatura
Los niños han aumentado,
Amistades se han hecho seguras
Y desacuerdos también se han dado,

Pronto quedará vacio
Este recinto sagrado,
Algunos volarán del nido
Que los acogió desde kínder grado,

Aquí pasamos todo un año,
Más tiempo que en nuestras casas,
Como parientes o hermanos
Apoyándonos en buenas y malas,

Con la anhelada esperanza
De vernos el año entrante
Para celebrar la pachanga
Y extrañar al que se traslade,

Aquí dejamos la juventud,
Aquí nos transformamos cual mariposas,
Aquí desplegamos la virtud
De separar las espinas de las rosas,

Agradeciendo al Dios de los cielos
Por las fuerzas y el talento
De trabajar en este suelo
Como lo hizo él, el mejor maestro.

Y aunque un día levantes el vuelo
Y te ausentes de tu amada escuela,
No es adiós, sino un breve hasta luego
Que le dices a tus niños y colegas.

EL PEOR ENEMIGO DE LOS HISPANOS EN E U

Como leyendas, fabulas o cuentos de hadas,
Se narran fantasías con finales felices,
Donde se cuentan historias que hablan de millonadas
Y de un país donde los árboles, dólares producen,

Este país, es los E U de Norteamérica;
Y por eso la mayoría quiere morar en su seno
Y han perdido la vida en cantidades numéricas,
Muchos que han intentado entrar a este terreno,

Todos en mente traen sembrada la ilusión,
De que al entrar en este suelo se soluciona su vida
Y que aquí encontrarán dinero por montón,
Sin esfuerzo porque está tirado en la vía,

Y qué triste es el despertar de este iluso sueño
A una realidad hiriente que trastorna y aniquila,
Al tener que comprobar que aquí no eres dueño
De la ropa que te pones, ni del aire que respiras;

Que cada centavo cuesta sudor, lágrima y desvelo
Y los precios elevados se llevan lo que obtuviste,
Por lo que debes trabajar 16 horas por lo menos,
Sin poderte sentar como allá en nuestros países.

Y qué decir del temor que embarga al ilegal
Y se mueve en las calles con el fantasma presente
De que su apariencia o lenguaje lo vallan a delatar
Y sea devuelto al terruño del que se encuentra ausente,

Aunado a estos males que quitan paz y descanso
Sin mencionar el dolor por la separación familiar,
Lo que más oprime el pecho y trae el desencanto
Es el fiero enemigo que se halla en este lugar,

Es un ser que odia al hispano y trata de destruirlo
Y lo indispone ante los jefes con críticas y murmuración
Y otras veces lo ofende y lo humilla para herirlo
Y como si esto fuera poco le tira la migración,

Un ser que intenta por todos los medios,
Truncar las ilusiones y cerrar el camino
Del que viene en busca de un logro o un sueño,
Pues se olvida que un día estará ante el juicio divino,

Un ser que por encontrarse aquí
Y haber logrado ciertos beneficios
Se siente el dueño de este país
Y trata al recién llegado con prejuicio,

Y en los lugares de trabajo le investiga el status legal
Y le declara la guerra hasta a los de su misma nación,
Otras veces lo destruye con una aparente amistad
Y cuando menos se espera le clava el aguijón,

Y así conviven a diario causándose mal y penas
Y odiándose entre ellos como si no fueran humanos,
Y lo que causa terror y presenta un gran dilema
Es descubrir que el hispano, es el peor enemigo de otro hispano.

EL ÚNICO HOMBRE QUE NO QUEMA

Cuando hablamos de quemar,
Mucha gente se incomoda
Y nadie quiere la piedra tirar,
Porque tal vez ha entrado en la moda;

Y muchos se excusan pensando
Que hoy día todo el mundo quema;
Y otros se defienden hablando
Que ellos no tienen ese problema,

Y la situación se pone bien seria
Y hasta por la ley es penalizado,
Cuando por quemar se provoca la miseria
Y la acción genera afectados,

También se levantan conjeturas
Que crean entre las personas rivalidad,
Al asegurar que en el campo la quemadera es más dura
Y es menos intensa en el centro de la ciudad,

Los que queman, dicen que es por necesidad
Y que sólo ellos saben sus razones
Y cuando son las mujeres quienes deciden quemar,
Dicen que lo aprendieron de los varones.

Investigaciones que la lógica realizó
Y que tienen carácter serio y formal,
Revelaron que el único hombre que no quemó
Fue nuestro padre Adán,

Pero después de él, todos quemaron
Y esta fue una de las consecuencias del pecado
Y como bien se ve, cuán rápido se multiplicaron
Los primeros habitantes de los siglos pasados;

Dicen que el que quema no tiene corazón
Porque el daño que ocasiona es inexplicable,
Pero hay que estar en el zapato de un quemón
Para entender que su quema es inevitable.

Y así mientras exista esta sociedad con su dilema,
Nos tocara observar y aceptar,
Que todo hombre que pueda, Quema
Y el que no lo haga es porque no tiene monte para quemar.

Dios hace que las equivocaciones y fracasos del pasado
Sean lecciones de enseñanza en un presente amenazado
Que iluminan tu futuro claramente
Haciéndolo firme, seguro y transparente
Si te muestras a él obediente

LAMENTOS DE LA SELVA

Adentrada en la espesura
De un bosque verde y frondoso,
Escuché las amarguras
Y quejidos lastimosos

Que llegaban por doquier
Destrozando el alma mía,
Dejando así entrever
Una gran melancolía,

No quiero vivir así,
Prefiero la misma muerte,
Al roble escuché decir,
¡Oh que triste es mi suerte!

¿De qué me vale tener
Una madera tan fina?
No solo tú vas a perder,
Contestó la golondrina;

Mira mi bello plumaje
Escaso y descolorido,
Eso no es nada dijo el mangle;
Yo casi he desaparecido,

Y no me dolería tanto
Si me cortaran para leña,
Pero es que al mar le están robando
Casi toditas sus tierras;

Pues aquí no hay quien se salve
De esta triste situación,
Ni yo creo que me escape,
Contestó el escorpión.

Ni que lo diga vecina
Lo mismo le pasa a mis hermanas,
Dijeron en coro las gallinas
A unas pensativas iguanas.

Yo no quiero ni saber
En que parara este problema,
Contestó un espavê
Inspirando en todos gran pena.

A mí me da mucho dolor
Pues mis frutos no estoy dando,
Se oyó el triste clamor
De un pobre árbol de mango.

Es que si esto sigue así
No sé adónde vamos a parar,
Si pudiera me iría de aquí,
Dijo un largo guayacán;

Mejor ni pienses en eso,
Estar aquí es nuestro destino;
Respondió un débil cerezo
A un triste árbol de pino.

Estoy sufriendo horrores
Pero aun así yo no me rindo,
Dijo un papo sin flores
A un lloroso tamarindo.

Si alguien sufre soy yo,
El calor me está matando
Pues mi fuente se secó,
Dijo el arrollo llorando.

Esto es peor que la guerra,
Dijo la mosca a las ratas y cucarachas,
El hombre está acabando su tierra
Y nos echa la culpa muchachas.

A esto hay que hacerle caso
Pues el problema es muy serio,
Dijo muy serio el gallinazo
Sobre una rama de Cedro.

Yo estoy bien con mi conciencia
Y también mis primas y amigas
Cooperamos con el mundo y la ciencia,
Dijo una orgullosa hormiga.

Los que van a estar muy mal
Son los niños en la escuela
Ya no me podrán probar,
Dijo una dulce ciruela.

Me siento angustiosamente mal
Las inundaciones me tienen arto
Y es cierto que sé nadar,
Pero Son muy frecuentes, dijo el lagarto.

Pregunte, ¿Qué está pasando,
Que hasta la zorra se espeluca?
El mundo se está acabando,
Me dijo un palo de yuca;

Loro, casanga y perico
Gritan ¡sálvese quien pueda!
Papas monos, y sus monitos
Traen de la cola a la abuela.

Amigos tomemos la decisión
De hacer urgentes y grandes cambios
O terminaremos en el panteón,
Dijo un viejo búho muy sabio.

Busquemos a un emisario
Que vaya a informar a los hombres,
Que están causando gran daño
A todo lo que a la vida responde,

Que detengan el flagelo
De veneno y dióxido de carbono,
Pues esto es lo que causa el deshielo
Y el daño a la capa de ozono,

¿Pero qué se puede hacer
En bien de salvar la vida?
Conserven los bosques del Darién,
Me dijo una inquieta ardilla.

Ustedes que son razonables,
No ensucien sus playas y ríos,
Cuiden sus recursos naturales
Diciendo todos ¡este planeta es mío!

Sólo Dios con su regreso
Acabará la muerte y el dolor
Y hará un mundo perfecto
Donde reine la paz y el amor,

Pero mientras, levántense las manos
De todo el que entienda el peligro,
Que busque lo mejor para sus hermanos
Y esté dispuesto a dar el auxilio.

AMIGAS, GRANDES AMIGAS

La vi por primera vez
Cuando 5 años tenía
Y deslumbrada quedé
Por su carisma y simpatía,

Ella estaba jovencita,
Si acaso tenía los veinte,
Con una cabellera bonita
Y de oro tenía un diente,

Me pareció que era maestra
Por lo bonito que hablaba
Y quedé más boquiabierta
Por lo lindo que cantaba,

Nunca pensé en ese entonces
Que los años pasarían
Y que al mencionar nuestros nombres
Ligados siempre estarían,

Han pasado más de treinta
Años que llegó a mi vida
Y todos se han dado cuenta
Que es mí mejor amiga,

La admiro como a nadie,
Pues tiene todos los talentos,
Lo malo es que no lo sabe
Y no le saca provecho,

Tiene el arte del decoro,
Canta cual golondrina,
Inventa de tal modo
En negocios y cocina,

A niños jóvenes y adultos
Les fascina su compañía,
Pues se sienten muy a gusto
Al escuchar su melodía,

Aunque llena de virtudes,
Lógicamente tiene defectos
Y la asustan hasta los chapules
Y todo lo que se llama insectos,

Sobre todo una culebra,
Con el agua, ni hablar
Y queda hasta que tiembla
Si hay que cruzar el mar,

No le gusta la mentira,
Los chistes rojos y bromas pesadas
Y solo porque es mi amiga,
Soporta que yo los haga,

Ama todo lo divino
Y teme ofender a Dios,
El cielo marcó como destino
Y a sus hijos como su gran amor,

Cuando se pierde del panorama
Que en eso es muy experta,
Todo el mundo a mi me llama
Diciendo, ¿has visto a Elsa?

Y así nos mantendremos
Diferentes pero unidas,
Y en este mundo siempre seremos,
Amigas, grandes amigas.

ÁNGELES LLAMADOS AMIGOS

Hay que estar recién llegado
Y sentirse completamente solo,
Para saber lo que siente el desamparado
Y su necesidad de consuelo y apoyo,

Debes quedarte sin hogar
Para ansiar con afán una casa,
Tienes que sufrir escases de pan
Para valorar el alimento y el agua,

Y esta situación que parece dura
Y algunos describirían como aterradora,
Es la forma de Dios más clara y pura
De decirte`` descansa, déjame actuar ahora``

Y entonces envía a sus ángeles
Justo en el momento que más lo necesitas,
Con mirada sincera, y sonrisa amable
Que te abraza y te dice`` hola, mi nombre es Yrma``

Y se convierte en la amiga que ofrece compañía
Y te regala dinero para tu primera compra,
Diciéndote ``tranquila, yo estuve como tu un día
No te desanimes y recuerda que conmigo cuentas``

Es la amiga que te llama para ir a caminar,
Que te invita un refresco y te enseña la ciudad,
Es quien te abre las puertas de su agradable hogar
Y continuamente te lleva a pasear con su mamá,

Es quien escoge las palabras y el tono más delicado
Para amonestarte un día si la ocasión lo amerita,
Con quien puedes bromear y decir chistes pesados,
Donde me luzco como chef, porque ella odia la cocina.

Por supuesto que al mirarla, miras a un ser normal
Y más allá de toda apreciación agradeces sus detalles,
Pero en lo interno de tu mente y siendo lo más formal,
Sabes que Dios la envió, porque es uno de sus ángeles.

Y mi padre que es tan bueno, me ha rodeado de ellos,
Que tienen rostros humanos y corazones del cielo,
Pues gracias a su amistad he tenido los momentos más bellos
De calor y hermandad en el mismísimo hielo,

Ángeles de carne y hueso con nombres y apellidos,
De diferentes culturas por sus diversos países,
Como es el caso de Odulia, Efraín, los Pliego; amigos
Quienes me ayudaron tanto, como el hermano Felipe,

Ángeles que con una bienvenida me hicieron sentir feliz,
Dejando en el ambiente un grato y dulce olor sano,
Esa fue mi experiencia cundo pise Minneapolis,
Por la cálida atención del hermano Emilio Solórzano,

Ángeles que siempre estarán en mi corazón,
Porque sin imaginárselo han sido mi amada familia,
Ángeles que me dieron cariño como Deysi, José y los Chacón,
Como, Sonia, Carlita, Mara, Gloria, mis grandes amigas,

Ángel a quien siempre recordaré,
Porque Dios la utilizó para yo llegar a este lugar,
Ángel como DAMARIS, amiga y hermana en la fe,
A quien mi cariño y respeto siempre han de acompañar,

Ángeles a los que siempre agradeceré,
Una invitación a comer, un consejo. Una llamada,
Como Charito, John, Neal, tìa Merce
Las familias Maya, Zaldívar, Pime y Sara,

Ángeles que solo dejaron que Dios las utilizase
Para tratar, como quisieran que les trataran a ellas,
Ángeles como, Telma, Nina, Yola, Silvia Vásquez,
La guapa, Julia, Alba, Muñe, Wendy, tan bellas;

Gracias a estas amistades divinas y angelicales
Que con su cariño y amor han dejado mi cielo estrellado,
Ángeles que tal vez sus nombres, no he podido aquí plasmarles
Y que serán representados por el ángel Yrma machado.

RECUÉRDAME ASÍ

No detengas una lágrima
Si esta pugna por salir,
De la sinceridad de tu alma
Al acordarte de mí,

Pero prefiero sonrisas,
Un poema, una canción,
Que emerjan como la brisa
Del recuerdo de tu amor;

De tu amor que fue sincero,
Como solo ama en la vida,
El mejor amigo, el compañero
O el miembro de la familia.

Recuérdame juguetona
Como una lora parlanchina,
Cariñosa, coquetona
Y ante todo, divertida,

Valiente y decidida
Con sonrisa a flor de piel,
Desordenada, intranquila
Impuntual a más no poder,

Recuérdame recitando
Y alabando al Creador,
A los jóvenes exhortando
Y compartiendo con fervor,

Amante de la cocina
Y de los paseos también,
De los amigos, amiga
Y de mí morada un hotel;

Perfecta sé que no fui
Como mujer, ni como madre,
Pero algo sí puedo decir
Que nunca fui una cobarde.

No esperes que yo me valla
Para decir cuan buena era,
Ven y dime que me amas
Y que me extrañas ahora,

No me eches al olvido
Si se presta la distancia,
Piensa que estoy contigo
Que mi sonrisa te alcanza,

Y si a mi regreso te busco con ansias
Y no estás en mi amado suelo,
Mantén viva la esperanza
De encontrarnos en el cielo,

Junto al árbol de la vida
Bien cerquita de Jesús,
Y si no me reconoces enseguida
Llámame, FLAVIA LUZ

Aunque tuve mil fracasos
Siempre quise ser feliz,
Por eso pido un abrazo
Y que me recuerdes así.

CPSIA information can be obtained at www.ICGtesting.com
Printed in the USA
BVOW011620250911

271868BV00009B/2/P